Printed in Poland
by Amazon Fulfillment
Poland Sp. z o.o., Wrocław

29975074R00047

HERAUSGEBER

© 2023 YEYE WELLER GmbH

www.yeyeweller.com

1. AUFLAGE, 2023

DIE SÜSSE ESSENZ DES DASEINS

LOUIS VICTOR

INHALT

INHALT

INHALT

IN JEDEM ANFANG WOHNT EIN ZAUBER INNE

HERMANN HESSE

VON GESCHICHTEN UND ERKENNTNISSEN: EIN VORWORT

In den folgenden Seiten begegnen dir einige Kurzgeschichten, jede ein kleines Juwel für sich. Sie alle haben das Potenzial, dich zum Nachdenken anzuregen, zum Schmunzeln zu bringen und dir den Sinn des Lebens zu zeigen. Doch mehr noch: In ihrer Schlichtheit verbergen sie tiefe Weisheiten, die dein Leben nachhaltig bereichern und dich zu neuen Erkenntnissen führen.

Warum habe ich diese Geschichten für dich niedergeschrieben? Nicht, um dir einen einfachen Erfolgsplan oder flüchtige Denkanstöße zu liefern, sondern vielmehr, um dich auf einer Reise der Selbsterkenntnis und persönlichen Transformation zu begleiten. Ich glaube fest daran, dass die wahren Schätze im Leben in uns selbst liegen. Oft sind es die unscheinbaren Begebenheiten und Erfahrungen, die uns die tiefsten Lehren offenbaren. Die Kernaussagen der Geschichten findest du in vielen Weisheiten und alten Geschichten wieder, ich erhebe daher keinen Anspruch auf eine literarische Innovation.

Mein Wunsch ist, dass du dieses Buch nicht nur als bloße Lektüre betrachtest, sondern als einen Wegweiser zu einem erfüllten und bereichernden Dasein. Die Geschichten und Erkenntnisse, die du hier findest, werden nur dann ihr volles Potenzial entfalten, wenn du bereit bist, sie in dein Leben zu integrieren. Wissen allein ist nicht genug – es bedarf deiner Handlung und deines persönlichen Engagements.

Du hast bereits den ersten Schritt getan, indem du dieses Buch in die Hand genommen hast. Das zeigt mir, dass du den Wunsch nach Veränderung und Erkenntnis in dir trägst. Lass mich dir versichern, dass du auf dem richtigen Weg bist. Die Reise mag nicht immer einfach sein, aber ich bin zuversichtlich, dass du aus jeder Geschichte und jedem Gedanken neue Inspiration schöpfen kannst, um das Beste aus dir und deinem Leben herauszuholen.

Nun liegt es an dir, die Schätze dieser Seiten zu bergen und ihre Bedeutung in deinem Leben zu entdecken. Nimm dir Zeit, um über das Gelesene nachzudenken, lass die Weisheiten auf dich wirken und lass sie in dein Handeln einfließen. So wirst du die wahre Kraft dieser Geschichten erfahren. Sie werden zu einem Kompass auf deinem Weg zu einem erfüllten und erkenntnisreichen Leben.

Ich danke dir für dein Vertrauen, dass du dich auf diese Reise der Geschichten und Erkenntnisse einlässt. Es ist mir eine Freude und eine Ehre, dich auf diesem Weg zu begleiten. Möge dieses Buch dich inspirieren, bereichern und dein Leben mit wertvollen Erkenntnissen füllen. Alles Gute auf deiner Reise!

Louis Victor

DER SCHLÜSSEL DER GESCHICHTE IST NICHT IN DER GESCHICHTE, ER IST IM MENSCHEN.

THÉODORE SIMON JOUFFROY

Für

Coralie und Carl-Louis

DIE SIEBEN WELTWUNDER

Es war eine hitzige Diskussion, die hoch über der Stadt in einer luxuriösen Manager-Etage geführt wurde. Die Führungskräfte hatten die Aufgabe erhalten, die sieben Weltwunder aufzulisten, die aus ihrer Sicht die Welt am meisten beeindruckten. Alle schrieben eifrig ihre Antworten auf, um sie der Gruppe vorzulegen. Letztlich kam folgende Rangliste zustande:

- Die Pyramiden von Gizeh
- Taj Mahal
- Grand Canyon
- Panamakanal
- Empire State Building
- St. Peters Dom in Rom
- Die große Mauer von China

Die Führungskräfte diskutierten lautstark die Rangliste, da bemerkte der Vorstandsvorsitzende, dass eine seiner Managerinnen noch gar nicht fertig war. Er ging zu ihr und fragte: „Hast du Schwierigkeiten, deine Liste zu erstellen?" Die Managerin zögerte einen Moment, bevor sie antwortete: „Ich kann mich einfach nicht entscheiden. Es gibt so viele Wunder."

Der Vorstandsvorsitzende lächelte: „Erzähl uns doch bitte, was du bisher aufgeschrieben hast. Vielleicht können wir dir ja helfen."
Na gut.", sagte sie und las ihre Liste vor: „Für mich sind die sieben Weltwunder: Gesundheit, Freiheit, Zeit, Familie, Freundschaft, Sicherheit und Liebe."

Da wurde es still im Raum. Die Führungskräfte sahen sich an und begannen zu begreifen, was die Managerin gemeint hatte. An diesem Tag gingen sie alle nach Hause mit einem neuen Verständnis dafür, was wirklich wichtig war im Leben. Ihre Kollegin hatte ihnen einen wertvollen Einblick in das Wunder des Lebens gegeben, den sie wohl nie vergessen würden.

DER SINN DES LEBENS BESTEHT NICHT DARIN EIN ERFOLGREICHER MENSCH ZU SEIN, SONDERN EIN WERTVOLLER.

ALBERT EINSTEIN

WIE EINE AFFENFALLE IN VIETNAM MEINE SEELE BEFREITE

In der schwülen Hitze Vietnams lebte die junge und erfolgreiche Geschäftsfrau Mai. Sie hatte alles erreicht, was sie sich vorgenommen hatte: eine beeindruckende Karriere, ein schickes Apartment in der Stadt und genügend Geld, um sich all ihre Wünsche zu erfüllen. Trotzdem fühlte sie sich immer noch gefangen. Gefangen in ihren eigenen Gedanken, in ihren Ängsten und Zweifeln. Sie wusste, dass sie loslassen musste, um endlich frei zu sein. Doch wie sollte sie das anstellen?

Eines Tages besuchte Mai eine abgelegene Insel im Süden Vietnams. Dort traf sie einen alten Bauern, der ihr eine Geschichte über die Affenfalle erzählte. Bei der Affenfalle präparieren Jäger eine Kokosnuss, indem sie an einem Ende eine kleine runde Öffnung anbringen, die gerade groß genug ist, damit eine gestreckte Affenhand hindurchpasst. An der anderen Seite wird eine Schnur befestigt. So wird die Kokosnuss an einem sichtbaren Ort an einem Pfahl befestigt. In die hohle Kokosnuss werden reife Bananenstücke gelegt, die von einem Affen entdeckt werden können. Der Affe greift dann in die Kokosnuss und nimmt so viele Bananenstücke mit, wie in seine Faust passen. Allerdings kann er seine Hand nicht mehr herausziehen, da sie zur Faust geschlossen ist. Um seine Hand zu befreien, müsste der Affe einfach nur loslassen. Doch da er sich weiter an die Bananenstücke klammert, kann ihn der Jäger in aller Seelenruhe einfangen.

Mai war fasziniert von der einfachen, aber genialen Idee. Sie beschloss, es selbst auszuprobieren. Sie kaufte eine grüne Kokosnuss und eine reife Banane, schnitt ein kleines Loch in die Kokosnuss und legte die Bananenstücke hinein. Dann band sie die Kokosnuss an einen Baum und wartete.

Es dauerte nicht lange, bis ein neugieriger Affe auftauchte und die Banane roch. Gierig steckte er seine Hand in die Kokosnuss, um die Bananenstücke zu ergattern. Doch als er sie in der Hand hatte, konnte er die Hand nicht mehr rausziehen.

Die Kokosnuss saß fest um seine geballte Faust. Der Affe zerrte und zog, doch es gab kein Entkommen. Mai beobachtete das Spektakel und erkannte, wie ähnlich der Affe ihrem eigenen Leben war. Auch sie hielt an Dingen fest, die sie eigentlich loslassen sollte.

Mit einem Lachen befreite sie den Affen. Dann wandte sie sich dem alten Bauern zu und sagte: „Danke für diese Lektion. Ich denke, ich habe verstanden, was ich zu tun habe." Mit diesen Worten ließ Mai all ihre Zweifel und Ängste los. Sie beschloss, ihr Leben neu zu gestalten und endlich frei zu sein. Und wer weiß, vielleicht würde sie irgendwann auf einer Insel im Süden Vietnams sitzen und anderen Menschen von der Affenfalle erzählen.

DIE SCHMERZLICHE LEHRE ÜBER WACHSTUM UND ERFOLG

Ein Schmetterling hatte große Mühe, durch die enge Öffnung seines Kokons zu schlüpfen. Er kämpfte schwer und gab scheinbar wirklich alles, um sich daraus zu befreien. Eine junge Frau beobachtete das Geschehen und bekam Mitleid.

Mit Hilfe einer Schere weitete sie vorsichtig und behutsam das Loch, damit sich der Schmetterling leichter befreien konnte. Und tatsächlich – der Schmetterling schaffte es jetzt viel leichter und einfacher aus seinem Kokon heraus. Doch was die junge Frau dann sah, ließ sie fürchterlich erschrecken. Denn der Schmetterling hatte viel zu kurze Flügel. Zwar konnte er flattern, doch mit seinen kurzen Flügeln war es ihm unmöglich zu fliegen.

Was die junge Frau nicht wusste: Durch die enge Öffnung des Kokons war der Schmetterling gezwungen, sich hindurchzuquetschen. Erst dadurch entwickelte er seine Flügel. Da ihm dieser Schmerz erspart blieb, hatte die junge Frau ihm zwar kurzfristig einen Gefallen getan, langfristig aber zum Tode verurteilt.

Und oft ist es doch in unserem Leben genauso. Manchmal brauchen wir den Schmerz, um uns zu entfalten. Um der Mensch zu werden, der wir sein können. Kann Not manchmal notwendig sein?

Erinnere dich daran: Die größten Erfolge liegen oft direkt hinter großem Schmerz.

DER SCHMERZ IST DER GROSSE LEHRER DER MENSCHEN. UNTER SEINEM HAUCHE ENTFALTEN SICH DIE SEELEN.

MARIE VON EBNER-ESCHENBACH

DAS LÄCHELN, DAS ALLES VERÄNDERTE

Die mürrische Frau Müller schlenderte mal wieder missmutig durch die tristen Straßen von Hamburg. Alles schien sie wie gewohnt zu ärgern – das trübe Wetter, die grauen Fassaden der Häuser und die unfreundlichen Gesichter der Passanten.

Plötzlich tauchte ein hübscher junger Mann auf, der ihr ein zufälliges Lächeln schenkte. Frau Müller ließ sich nichts anmerken, doch ihre Gesichtszüge lockerten sich ein wenig zu einem leichten Schmunzeln. Als sie an diesem Tag anderen Menschen begegnete, wurde sie herzlich gegrüßt. Es schien, als freuten sich alle, sie zu sehen. Dies verwirrte die mürrische Frau Müller zutiefst. Trotz ihres Widerwillens spürte sie, wie sich ihre Stimmung allmählich besserte.

Immer mehr Menschen lächelten ihr zu. An einem Blumenstand reichte man ihr eine strahlende Sonnenblume und wünschte ihr einen wundervollen Tag. Plötzlich wirkten die Häuser weniger grau, der Marktplatz erschien sogar ausgesprochen hübsch. Der Himmel zeigte ein viel leuchtenderes Blau als sonst – und war das nicht sogar die Sonne, die durch die Wolken brach?

Als Frau Müller schließlich nach Hause kam und ihre Jacke auszog, sah sie ihr Spiegelbild im Flur lächeln. Ein warmes Gefühl durchströmte sie. Das Lächeln hatte sich auf magische Weise auf ihr Gesicht geschlichen. Es fühlte sich richtig gut an.

**„DAS LEBEN IST WIE EIN SPIEGEL.
EIN SPIEGEL TUT DAS, WAS DU TUST.
LÄCHELST DU, LÄCHELT ER ZURÜCK.
ABER DU MUSST ALS ERSTER LÄCHELN.“**

SPRICHWORT

DIE SÜSSE ERKENNTNIS DER WAHREN LIEBE

Ein kleines Mädchen möchte von seiner Mutter wissen, worin der Unterschied zwischen Verliebtsein und echter Liebe liegt.

Die Mutter überlegt einen Moment und antwortet der Tochter: „Stell dir vor, ich gebe dir einige Münzen, mit denen du bei unserem Lieblingsbäcker ein Stück von dem köstlichen Erdbeerkuchen kaufst, den du so gerne magst. Du wirst es wohl kaum erwarten können, ihn zuhause auszupacken. Der Kuchen schmeckt dann so gut, dass du vielleicht, aber auch nur vielleicht, ein ganz kleines bisschen verliebt bist in den Kuchen.

Nun stell dir vor, um in den Genuss zu kommen müsstest du drei Monate lang Erdbeeren anbauen, sie jeden Tag gießen und pflegen, anschließend ernten. Dann müsstest du sie auch noch waschen und schneiden, Zutaten für den Kuchenteig besorgen, den Teig anrühren und backen. Schließlich müsstest du Teig mit den Erdbeeren belegen, bevor du hineinbeißen könntest. Dann, mein liebes Kind, wirst du wissen, was der Unterschied ist.

Es ist also nicht das Ergebnis auf den ersten Blick, sondern vielmehr die Verbindung, die du über die Zeit aufgebaut hast.

ES MUSS
VON HERZEN KOMMEN,
WAS AUF HERZEN WIRKEN SOLL.

JOHANN WOLFGANG VON GOETHE

DER BERGPFAD DER DANKBARKEIT: JIM'S HERZZERREISSENDE GESTE FÜR FRAU MARTINEZ

In einer kleinen Stadt in den Bergen lebte Jim. Ein junger Mann, der schon immer eine besondere Beziehung zu seiner Lehrerin, Frau Martinez, hatte. Sie war es, die ihn immer unterstützt hatte, als es Probleme in der Schule gab. Vor allem hatte sie ihn ermutigt, stets seinen Träumen zu folgen.

Eines Tages beschloss Jim, seiner Lehrerin ein besonderes Geschenk zu machen. Er wanderte stundenlang durch die Berge und fand schließlich einen wunderschönen Stein am Ufer eines kleinen Baches. Er wusste, dass Frau Martinez Steine liebte. Diesen Stein wollte ihr schenken. Als Dank für all ihre Hilfe.

Er ging zur Schule, und als er ihr den Stein gab, war Frau Martinez sprachlos. „Ich habe noch nie solch einen schönen Stein gesehen.", sagte sie. „Wo hast du ihn denn gefunden?"

Und so berichtete Jim Frau Martinez von seiner spannenden Wanderung und davon, wie er den Stein gefunden hatte. Diese Geste rührte Frau Martinez. „Ich werde diesen wunderschönen Stein mein Leben lang aufbewahren. Ich danke dir von Herzen. Aber du hättest doch keinen so weiten Weg machen sollen, nur um mir etwas zu schenken." Jim entgegnete mit einem Lächeln:

„Der weite Weg ist doch ein Teil des Geschenks."

EIN GESCHENK IST GENAUSO VIEL WERT WIE DIE LIEBE, MIT DER ES AUSGESUCHT WORDEN IST.

THYDE MONNIER

VERBINDENDE WUNDER IN SCHWEREN ZEITEN

Es war kurz nach dem Corona-Lockdown, da bekam eine alte, kranke Frau ein Paket aus dem Ausland. Ihre Familie schickte ihr leckere Köstlichkeiten und auch etwas Bargeld. Während sie den Inhalt des Pakets bestaunte und sich freute, musste sie an das blinde Nachbarsmädchen denken. Dem ging es nicht sonderlich gut und es würde sich über das Paket sicher freuen. Die alte Frau bat am nächsten Tag also den Postboten, dem Mädchen das Paket zuzustellen.

Als das kleine, blinde Mädchen zusammen mit ihren Eltern das Paket öffnete, dachten sie an die alleinerziehende Mutter mit den vier Kindern. Die könnte es sicher noch besser gebrauchen. Und so ließen sie ihr das Paket zukommen.

Die alleinerziehende Mutter freute sich sehr. Doch während sie das Paket öffnete, musste sie an den armen Witwer denken, der so wenig zu essen hatte. Also ließ sie ihm das Paket zukommen.

Für den Witwer war dieses Paket sehr wertvoll. Doch als er es auspackte, musste er an die alte, kranke Frau denken und ließ ihr das Paket zustellen.

Als die alte, kranke Frau das Paket, das sie einst dem blinden Nachbarsmädchen zustellen ließ, wieder erhielt, war sie zu Tränen gerührt. Sie dachte sich: Solange es Menschen gibt, die so handeln, brauchen wir uns um die Zukunft unserer Welt keine Sorgen zu machen.

Und genauso ist es. Das Paket hat viele Menschen reich und glücklich gemacht, ohne sich überhaupt am Inhalt bedient zu haben. Deswegen denke bitte selbst immer daran – und nicht nur zu Weihnachten: Nächstenliebe beflügelt immer den Nächsten!

**DAS SCHÖNSTE DENKMAL,
DAS EIN MENSCH BEKOMMEN KANN,
STEHT IN DEN HERZEN DER
MITMENSCHEN.**

ALBERT SCHWEITZER

DIE UNVORHERSEHBAREN WENDUNGEN DES LEBENS

In einem malerischen Dorf lebte ein weiser alter Mann namens Pedro mit seinem geliebten Sohn Matteo. Gemeinsam führten sie eine außergewöhnliche Zucht von majestätischen Stieren, die in der ganzen Region bekannt und bewundert wurden.

Eines schicksalhaften Tages brach der mächtigste Stier aus dem Stall aus und rannte in die weite Wildnis davon. Die Nachricht verbreitete sich schnell im Dorf. Die Nachbarn kamen voller Bedauern, um Pedro zu trösten. Der alte Mann aber lächelte sanft und sprach mit tiefer Gelassenheit: „Warum denkt ihr, dass dies ein Unglück sei?" Am nächsten Morgen kehrte der verlorene Stier unerwartet zurück und führte eine Herde wilder und zauberhafter weißer Stiere mit sich. Die Nachbarn waren überwältigt von der Eleganz der Wesen und kamen wieder, diesmal um Pedro zu beglückwünschen. Aber er lächelte erneut und sagte: „Warum denkt ihr, dass dies ein Glücksfall sei?"

Matteo, der von Aufregung und Stolz erfüllt war, beschloss eines Tages, einen der majestätischen weißen Stiere zu zähmen. Doch das Schicksal hatte andere Pläne: der Stier verletzte ihn schwer an seiner linken Hüfte. Die Nachbarn eilten herbei, um ihr Mitleid auszudrücken, aber der alte Mann hielt stand und sagte ruhig: „Warum denkt ihr, dass dies ein Unglück sei?"

Wenig später brach im Land Krieg aus, und die Nachricht von der tapferen und stolzen Zucht weißer Stiere erreichte das Ohr des Königs. Er wollte die schönsten und stärksten Tiere sowie alle verfügbaren jungen Männer für seine Armee haben. Doch Matteo war durch seine Verletzung nicht in der Lage, in die Schlacht zu ziehen. Er blieb sicher zu Hause. Die Weisheit von Pedro lehrte das Dorf eine lebensverändernde Lektion: Das Leben ist unvorhersehbar ist. Daher ist es weise, sowohl die Freuden als auch die Schmerzen mit Gleichmut zu betrachten.

Manchmal führen scheinbare Rückschläge zu unerwarteten Segnungen; vermeintliches Glück kann zu Herausforderungen führen.

Letztendlich ist es die Haltung, mit der wir das Leben annehmen, die den Unterschied ausmacht. Die Geschichte von Pedro und Matteo wurde zur Legende im Dorf und dient seither als zeitlose Erinnerung daran, dass das Schicksal unvorhersehbar und unergründlich ist.

NICHT WAS WIR ERLEBEN, SONDERN WIE WIR EMPFINDEN WAS WIR ERLEBEN, MACHT UNSER SCHICKSAL AUS.

MARIE EBNER-ESCHENBACH

WERTVOLL TROTZ ALLEM: EINE LEBENSVERÄNDERNDE ERKENNTNIS

Es war ein sonniger Tag. Der Professor saß an seinem Schreibtisch und musterte seine Studierenden mit wissendem Blick. Er wusste, dass er ihnen heute eine lebensverändernde Lektion erteilen würde. Aus seiner Tasche holte er einen Hundert-Euro-Schein hervor. Mit einem Lächeln auf den Lippen hielt er den Schein hoch und fragte: „Wer möchte diesen Schein haben?"

Die Hände aller Studierenden gingen in die Höhe. Der Professor nickte und begann, den Schein zu zerknüllen. „Und jetzt?", fragte er. Wieder hoben alle die Hände.

Mit einem traurigen Ausdruck in den Augen warf der Professor den zerknüllten Schein auf den Boden und trat darauf herum. „Jetzt?", fragte er erneut. Wieder hoben alle die Hände.

Der Professor hob den schmutzigen, zerknüllten Geldschein auf und hielt ihn in die Luft. Mit Tränen in den Augen sprach er zu den Studierenden: „Jetzt versteht ihr es endlich! Jeder von uns hat den gleichen Wert, unabhängig davon, was andere mit uns tun. Unsere Seele, unser Geist, unser Herz – das ist, was uns wertvoll macht."

Die Studierenden lauschten gebannt. Der Professor fuhr fort: „Es ist Zeit, dass ihr versteht, wie unersetzbar, unvergesslich und unglaublich wertvoll ihr seid. Egal, was das Leben euch zeigt. Ganz gleich, ob ihr verletzt werdet oder wurdet. Ihr bleibt immer unverändert wertvoll."

Mit diesen Worten beendete der Professor seine Lektion. Die Studierenden verließen den Hörsaal mit einem neuen Verständnis für ihren eigenen Wert und der unerschütterlichen Überzeugung, dass sie es wert waren, geliebt und geschätzt zu werden.

Es war ein Moment, der ihr Leben veränderte. Ein Moment, in dem sie ihre Bestimmung fanden.

MEISTENS BELEHRT ERST DER VERLUST UNS ÜBER DEN WERT DER DINGE.

ARTHUR SCHOPENHAUER

KAMPF DER HERZEN: ZWISCHEN DUNKELHEIT UND LICHT

„In meiner Brust kämpfen zwei Tiere.", sagte der Großvater zu seinem Enkel. „Ein wildes Raubtier, das mich mit seinen Klauen aus Angst, Misstrauen, Verzweiflung und Neid bedroht. Und daneben ein freundliches und fröhliches Wesen, das mich mit seinem Licht, seiner Liebe, seiner Lust und seiner Lebensfreude erfüllt."

Mit großen Augen sah der Enkel seinen Großvater an. „Opa, welches Tier wird gewinnen?"

Der alte Mann lächelte und sagte: „Das Tier, das ich am meisten füttere. Denn wir haben immer die Wahl, welche Emotionen und Gedanken wir in unseren Herzen nähren und bestärken möchten. Obwohl das Raubtier manchmal laut brüllt, muss ich mich für das Licht, die Liebe und die Freude entscheiden. Nur so kann ich in Frieden und Glück leben."

**UNSER LEBEN
IST DAS PRODUKT
UNSERER GEDANKEN.**

MARC AUREL

DIE WAHL DER LIEBE: DREI MÜNZEN, EIN HERZ

Die Stadt war laut und hektisch an diesem sonnigen Frühlingstag. Emma, eine junge Frau, lief durch die Straßen. Sie hatte ein Ziel vor Augen und eine Liste von Dingen, die sie erledigen musste, bevor sie nach Hause zurückkehren konnte. Da bemerkte sie drei alte Männer, die vor einem Café saßen und Tee tranken.

Einer von ihnen hatte einen langen weißen Bart, der fast bis zum Boden reichte. Er sah auf und lächelte Emma an. „Junge Dame, dürfen wir einen Moment Ihrer Zeit in Anspruch nehmen?“ Emma war überrascht, aber sie nickte höflich und trat näher. „Wir haben eine Bitte an Sie“, sagte der alte Mann. „Meine beiden Freunde und ich sind hier auf einer Reise. Wir suchen einen Ort zum Verweilen. Wir sind müde und hungrig und wissen nicht, wohin wir gehen sollen.“

Emma überlegte kurz. Sie erinnerte sich an ein kleines Bed & Breakfast, das von einer netten, älteren Dame geführt wurde. „Ich glaube, ich weiß, wo ihr unterkommen könnt.“, sagte sie und gab ihnen die Adresse.

Die Männer bedankten sich und standen auf, um zu gehen. Bevor sie loszogen, drehte sich der alte Mann mit dem weißen Bart noch einmal um und sagte: „Meine Liebe, wir haben noch ein Anliegen. Wir haben drei wertvolle Münzen. Bitte wählen Sie eine davon als Zeichen unserer Dankbarkeit aus. Diese dürfen sie behalten.“

Emma war verwirrt: „Wie meint ihr das?“ Die drei Männer lächelten sanft. Der alte Mann mit dem weißen Bart erklärte: „Die Münze in meiner Hand steht für Reichtum, der Mann links von mir hält die Münze für Anerkennung und der Mann rechts von mir hält die Münze für Liebe in den Händen. Wir können nicht alle drei abgeben, aber eine soll Ihnen gehören. Sie müssen sich aber entscheiden, welche es sein soll.“ – Wie konnte sie eine so schwierige Entscheidung treffen? Sie wusste nicht, ob sie Reichtum, Anerkennung oder Liebe wählen sollte.

Sie zögerte, aber dann fielen ihr die Worte ihrer Mutter ein. Emma wiederholte die klugen Worte ihrer Mutter: „Liebe ist das Wichtigste im Leben." Der Mann lächelte. „Sie haben eine kluge Wahl getroffen." Emma nickte und lächelte zurück. Als sie die Hand ausstreckte, um ihr Geschenk anzunehmen, sah sie, dass sie alle drei Münzen von den Männern erhalten hatte.

„Ich habe mich doch für die Liebe entschieden!", sagte sie. Die beiden anderen Männer lächelten und sagten: „Dann gehen die anderen Münzen auch dorthin, wo die Liebe hingeht." Emma verstand nicht ganz, aber sie war glücklich und nahm dankbar alle drei Münzen an. Sie führte die Männer noch zu dem Bed & Breakfast, das sie ihnen empfohlen hatte. Dort verabschiedeten sie sich freundlich voneinander.

Als Emma abends allein in ihrer Wohnung war, dachte sie über das Erlebte nach. Sie schaute auf die drei Münzen und überlegte, was wohl passiert wäre, wenn sie Reichtum oder Anerkennung gewählt hätte. Hätte sie die beiden anderen Münzen dann auch bekommen?

EIN UNMÖGLICHES WUNDER AUF 100 KILOMETERN

Ein kleines Dorf veranstaltete vor vielen Jahren einen Wettbewerb. Die Teilnehmer sollten 100 Kilometer laufen und dabei viele Hindernisse und Hürden überwinden. Weil niemand so recht daran glauben wollte, dass überhaupt jemand das Ziel erreichen würde, kamen am Wettkampftag Menschen aus dem ganzen Land angereist. Sie wollten das Spektakel hautnah erleben. Anstatt die Teilnehmer anzufeuern, riefen die Zuschauer:

„Schaut euch nur die armen Teilnehmer an, die schaffen das nie. Das ist unmöglich. Viel zu weit. Das schafft keiner!" Und tatsächlich schienen sie recht zu behalten. Nach und nach gaben immer mehr Läufer auf. Sie waren verletzt oder viel zu müde und erschöpft.

Daraufhin riefen die Zuschauer noch lauter: „Seht doch! Sie sind viel zu müde und erschöpft. Das haben wir ja gleich gesagt. Das schafft keiner!" Nach etwa 90 Kilometern gaben alle Läufer auf.

Alle bis auf einen. Der lief unerbittlich weiter und erreichte am Ende tatsächlich das Ziel. Die Zuschauer konnten es kaum glauben. Wie konnte das sein? Wie konnte einer das Unmögliche möglich machen?

Sie fragten den Läufer. Doch als sie so auf ihn einredeten, stellten sie plötzlich fest, dass dieser Läufer taub war.

HÖR NICHT DARAUF, WAS ANDERE ÜBER DICH UND DEINE TRÄUME DENKEN UND SAGEN.

CHRISTIAN BISCHOFF

DIE KOSTBARE FÜLLE DES LEBENS

Ein Mann, dessen Herz voller Weisheit und Mitgefühl schlug, beschloss, seinem Sohn eine wichtige Lektion zu erteilen. Er nahm ihn mit auf das Land, um ihm zu zeigen, wie weniger privilegierte Menschen leben.

Einen Tag und eine Nacht verbrachten sie auf einer Farm, die von einer liebenswerten, sehr armen Familie bewohnt wurde. Der Sohn beobachtete die harte Arbeit und die Entbehrungen, die diese Familie Tag für Tag ertragen musste. Gleichzeitig aber sah er auch ihre Freude und ihr Lachen.

Wieder zurück in der Stadt fragte der Vater seinen Sohn, was er mitgenommen hatte. Es sollte ihn eine große Überraschung erwarten! Der Sohn antwortete: „Wir haben nur einen Hund, aber die Familie auf der Farm hat gleich vier, die ihnen unendlich viel Freude bereiten. Statt eines Swimmingpools haben sie dort einen See, der nicht zu enden scheint. Und statt prächtiger Lampen im Garten haben die Menschen auf dem Land die Sterne am Himmel, die ihnen den Atem rauben. Statt einer Terrasse, die bis zum Vorgarten reicht, erleben sie den unendlichen Horizont, der ihre Seele erfüllt."

Der Vater staunte nicht schlecht über die Weisheit und die Dankbarkeit, die aus dem Mund seines Sohnes kamen. Und der Sohn schloss mit den Worten: „Vater, danke, dass du mir gezeigt hast, wie reich wir wirklich sind!"

Diese Geschichte soll daran erinnern, dass das, was wir besitzen, nicht das Wichtigste ist. Es sind die Menschen, die uns umgeben und die Erfahrungen, die wir machen. Seien wir dankbar für das, was wir haben.

REICH WIRD MAN ERST DURCH DINGE, DIE MAN NICHT BEGEHRT.

MAHATMA GANDHI

DIE WÜSTENWANDERUNG: EIN TANZ ZWISCHEN VERLETZUNG UND RETTUNG

Die beiden Freunde, die durch die heiße und staubige Wüste wanderten, hatten großen Spaß. Sie lachten, sangen und erzählten sich Geschichten. Bis zu dem Moment, als sie in einen unbedeutenden Streit gerieten und einer dem anderen im Affekt ins Gesicht schlug. Der Geschlagene fühlte sich gekränkt und verletzt. Ohne ein Wort zu sagen, ließ er sich auf den Boden sinken und schrieb mit einem Stock in den Sand: „Heute hat mich mein bester Freund ins Gesicht geschlagen."

Wie aus heiterem Himmel erreichten die beiden eine atemberaubende Oase. Der Freund, der geschlagen worden war, wollte unbedingt im kühlen Wasser schwimmen. Doch als er im Schlamm steckenblieb und zu ertrinken drohte, sprang sein bester Freund ohne zu zögern ins Wasser und rettete ihm so das Leben. Tränen der Dankbarkeit und Freude traten in die Augen des Geretteten. Er nahm einen Stein und ritzte folgende Worte hinein: „Heute hat mir mein bester Freund das Leben gerettet."

Verwirrt fragte der Freund, der den anderen geschlagen und auch gerettet hatte: „Warum hast du die Worte der Kränkung nur in den Sand geschrieben, die Worte der Rettung aber in einen Stein geritzt?"

Der Gerettete lächelte sanft und antwortete: „Wenn uns jemand kränkt oder verletzt, sollten wir es in den Sand schreiben und dem Wind des Verzeihens überlassen, es zu löschen. Wenn jemand hingegen etwas tut, das unser Leben rettet, dann sollten wir es in einen Stein gravieren, um uns immer daran zu erinnern, dass wahre Freundschaft das kostbarste Gut auf der Welt ist."

Mit dieser Lektion im Herzen gingen die beiden Freunde Arm in Arm weiter. Bereit für neue Abenteuer und dankbar für die unvergesslichen Momente, die sie auch zukünftig gemeinsam teilen würden.

MAN KOMMT IN DER FREUNDSCHAFT NICHT WEIT, WENN MAN NICHT BEREIT IST, KLEINE FEHLER ZU VERZEIHEN.

JEAN DE LA BRUYÈRE

DER WEG ZUR INNERER ERKENNTNIS

Er hatte eine Menge Fragen im Gepäck, als der Universitätsprofessor das Heim des weisen Zen-Meisters betrat. Als der Meister eine Tasse Tee hinstellte, begriff er, dass er vielleicht mehr lernen würde, als er erwartet hatte.

Der Tee floss unaufhörlich in die bereits überfüllte Tasse. Der Professor konnte nicht mehr an sich halten und rief: „Die Tasse ist voll! Mehr passt da nicht rein!"

Der Zen-Meister lächelte nur und sagte: „So wie diese Tasse, ist auch Ihr Geist voll mit Ihren Meinungen und Überlegungen. Wie soll ich Ihnen das Geheimnis von Zen vermitteln, wenn Sie nicht bereit sind, Ihre Tasse zu leeren?"

Verblüfft über die Weisheit des Meisters begriff der Professor, dass er bereit sein musste, all das loszulassen, was ihm im Weg stand. Nur so würde er wirklich verstehen und erleben können, was Zen war.

In diesem Moment begann eine Reise, die den Professor für immer verändern sollte. Er lernte, dass das Leben manchmal wie eine Tasse Tee war – voll bis zum Rand mit Erfahrungen und Herausforderungen.

Aber um wirklich zu verstehen und zu schätzen, was das Leben zu bieten hat, muss man bereit sein, alles loszulassen und einen neuen Raum für neues Wissen und Verständnis zu schaffen.

SOBALD MAN IN EINER SACHE MEISTER GEWORDEN IST, SOLL MAN IN EINER NEUEN SCHÜLER WERDEN.

GERHART HAUPTMANN

DIE VERHÄNGNISVOLLE LAST DER WÜSTE

Die glühende Hitze der Wüste brannte auf ihrer Haut, als der alte Mann, der Junge und ihr Kamel durch die endlose Sandlandschaft zogen. Der Junge saß auf dem Kamel, während der Mann zu Fuß neben ihnen herging. Sie waren auf der Suche nach einem versteckten Dorf am anderen Ende der Wüste, wo es angeblich ein Wundermittel für eine seltene Krankheit gab.

Auf ihrem Marsch begegneten sie einer Touristengruppe, die sich ihnen gegenüber verächtlich verhielt, weil der alten Mann zu Fuß ging und der Jungen auf dem Kamel ritt. Die Touristen schüttelten die Köpfe und flüsterten ihnen hinterher.

Das verunsicherte den Mann und den Jungen. Sie beschlossen, die Positionen zu wechseln, damit der alte Mann auf dem Kamel reiten konnte. Aber wieder einmal hörten sie kritische Kommentare von Reisenden, die nicht verstehen konnte, weshalb der kleine Junge nebenherlaufen musste, während der alte Mann bequem auf dem Kamel saß.

Sie beschlossen, ab jetzt gemeinsam auf dem Kamel zu reiten. Wieder begegneten sie Menschen, die sie verurteilten, weil sie dem Kamel eine so schwere Last aufbürdeten. Der Mann und der Junge waren verwirrt und wussten nicht, wie sie sich verhalten sollten, als sie von den Menschen beschimpft wurden, dass sie grausam und herzlos wären, ein unschuldiges Tier so zu quälen.

Die Kritik und die Verurteilungen der Menschen drangen tief in die Herzen von Mann und Junge ein. Sie wollten nichts falsch machen. Also beschlossen sie, das Kamel zu tragen. Das war eine anstrengende Aufgabe, aber sie wollten es allen recht machen und das Kamel nicht unnötig quälen.

Als sie das Kamel so durch die Wüste trugen, wurde die Hitze unerträglich. Der Mann und der Junge waren erschöpft und ihre Kehlen waren trocken. Sie hatten nur noch wenig Wasser übrig. Sie wussten, dass sie es bis zum nächsten Dorf schaffen mussten, um mehr zu bekommen.

Als sie es fast geschafft hatten, erreichten sie einen steilen Hügel. Dort geschah das Unvermeidliche. Das Kamel entglitt ihnen, stürzte ungeschickt den Hang hinunter und brach sich das Genick. Mann und Junge waren am Boden zerstört und weinten bitterlich. Sie hatten alles versucht, um es allen recht zu machen, und doch hatten sie alles verloren.

WENN DU KRITISIERT WIRST, DANN MUSST DU IRGEND ETWAS RICHTIG MACHEN. DENN MAN GREIFT NUR DENJENIGEN AN, DER DEN BALL HAT.

BRUCE LEE

DIE HELDENREISE AUS SAHNE UND BUTTER

Es war ein einfaches Leben auf dem idyllischen Bauernhof im Herzen des Landes, wo die Natur noch ihr volles Potenzial entfaltete. Doch an diesem Tag sollte zwei Mäuse ihr lebensveränderndes Schicksal ereilen.

Zwei Mäuse, die unterschiedlicher nicht sein konnten, fielen in einen Eimer voll Sahne. Die eine Maus geriet sofort in Panik, gab sich bereits nach einigen Minuten auf und ertrank. Währenddessen begann die andere Maus, beharrlich zu strampeln und um ihr Leben zu kämpfen. Die Maus paddelte mit ihren kleinen Beinchen und versuchte vergeblich, aus der Sahne herauszukommen.

Es schien, als wäre auch diese Maus dem Untergang geweiht. Sie hatte Angst und fühlte sich verlassen. Sie rief um Hilfe, aber niemand hörte sie. Die Minuten verstrichen und die Maus wurde immer müder, bis sie schließlich aufgab und sich auf den Rücken legte, bereit zu sterben.

Doch genau in diesem Moment erinnerte sich die Maus an die Worte ihrer Mutter, die ihr immer gesagt hatte, sie solle niemals aufgeben. Und so sammelte die Maus ihre letzten Kräfte und beschloss, es noch ein letztes Mal zu versuchen. Sie begann, sich wieder zu bewegen und zu paddeln, trotzdem war kein Fortschritt zu erkennen. Die Maus weinte bitterlich und zweifelte an ihren Fähigkeiten.

Da merkte sie plötzlich, wie die Sahne unter ihr fester wurde. Ungläubig und überrascht erkannte die Maus, dass sie in einer Pfütze von Butter saß. Sie verstand, dass sie aus der Sahne herauskommen würde, wenn sie jetzt nur immer weitermachte. Also paddelte sie soviel sie konnte, bis sie endlich aus der Sahne, die jetzt zu Butter geworden war, herauskam.

UNSERE GRÖSSTE SCHWÄCHE LIEGT IM AUFGEBEN. DER SICHERSTE WEG ZUM ERFOLG IST IMMER, ES NOCH EINMAL ZU VERSUCHEN.

THOMAS ALVA EDISON

DAS WUNDER AUF DER VERLORENEN INSEL

Tag für Tag kehrte Otto enttäuscht zurück zu seiner kleinen selbstgebauten Hütte, nachdem er wie jeden Tag - verloren und allein auf einer unbekannten Insel - nach einem Rettungsschiff Ausschau hielt. Eines nachts brach dann auch noch das Unheil über ihn herein. Er kam gerade vom Beerensammeln zurück, als er seine geliebte Holzhütte in Flammen sah. Wut und Verzweiflung übermannten ihn. Wie konnte das alles passieren? Wieso ausgerechnet er? Warum musste ihm das Schicksal auch noch das letzte nehmen, das er besaß?

Am nächsten Morgen geschah ein Wunder: Vom Rauschen eines Bootsmotors aus dem Schlaf gerissen, sah er sie: die Rettung! „Wie habt ihr mich gefunden?", fragte er atemlos.

„Wir haben Ihr Rauchsignal gesehen.", erwiderte der Kapitän.

Denke daran: Oft erwartet uns das Gute direkt nach einer Niederlage.

**MISSERFOLG IST
LEDIGLICH EINE GELEGENHEIT,
MIT NEUEN ANSICHTEN
NOCH EINMAL ANZUFANGEN.**

HENRY FORD

UNENTDECKTES POTENZIAL

Eine gespannte Stille legte sich über den Raum, als der Lehrer die Klasse betrat. Seine Augen funkelten voller Überraschung und Abenteuerlust. „Heute habt ihr einen Überraschungstest!“, verkündete er mit lauter, freudiger Stimme.

Die Schüler starrten gespannt auf das Aufgabenblatt, das er ihnen vorlegte. Sie waren sprachlos. Statt der üblichen Fragen gab es nur einen schwarzen Punkt in der Mitte des weißen Papiers. Der Lehrer forderte die Schüler auf, auf der Rückseite aufzuschreiben, was sie sahen. Die Schüler folgten der Anweisung, aber fragten sich gleichzeitig, was diese Aufgabe zu bedeuten hatte. Nach einer Viertelstunde sammelte der Lehrer die Aufgabenblätter ein und begann, die Antworten vorzulesen. Sie alle beschrieben den schwarzen Punkt: seine Größe, seine Position, seine Farbe. Während die Schüler dem Lehrer zuhörten, wurde ihnen bewusst, dass sie etwas Wichtiges übersehen hatten. Sie hatten den weißen Teil des Papiers nicht beachtet.

Mit einem warmherzigen, weisen Blick schaute der Lehrer seine Schüler an. Mit sanfter Stimme sagte er: „Genau das geschieht in unserem Leben. Wir haben ein wunderbares, unbeschriebenes Leben erhalten, trotzdem konzentrieren wir uns immer nur auf die dunklen Punkte. Auf die Dinge, die schlecht laufen; die Herausforderungen, die uns beschäftigen. Aber das Leben ist viel mehr als das.

Das Leben ist ein Geschenk, das wir mit Dankbarkeit und Sorgfalt hüten sollten. Es gibt immer Gründe dankbar zu sein. Wir müssen uns nur auf das weiße Papier konzentrieren. Auf das Positive, auf unsere Möglichkeiten und das Potenzial, das in uns steckt.“

Mit tröstender Stimme schloss der Lehrer die Stunde: „Nehmt die schwarzen Punkte wahr, aber richtet eure Aufmerksamkeit auf das weiße Papier. Auf die glücklichen Momente, auf die Chancen, auf das Leben. Denn das Leben ist wunderschön. Es lohnt sich, es in vollen Zügen zu genießen.“

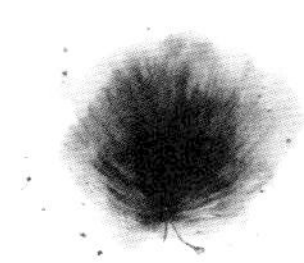

EINE FEDERLEICHTE REISE INS GLÜCK

Mit tränengefüllten Augen kam ein Schüler zum Meister. „Meister", schluchzte er, „das Leben plagt mich so sehr. Ich habe das Gefühl, jeden Moment zusammenzubrechen!"

Der Meister legte ihm eine tröstende Hand auf die Schulter. Mit einem Lächeln, das so warm war wie die Sonne im Frühling, sah er seinen Schüler an und sprach sanft: „Das Leben ist so leicht wie eine Feder, mein Junge."

Der Schüler schüttelte verzweifelt den Kopf. „Aber Meister, ich spüre es jeden Tag wie eine Last von tausend Tonnen!" Der Meister nickte verständnisvoll. „Ich weiß, mein Sohn, aber weißt du was? Wir tragen diese Last selbst. Es sind unser ‚Aber' und unsere Zweifel, die uns das Gefühl geben, dass das Leben so schwer sei."

Der Schüler starrte ihn ungläubig an. „Aber... das ‚Aber' wiegt tausend Tonnen?" Der Meister nickte erneut und lächelte warmherzig. „Genau! Also, lass das ‚Aber' fallen und fühle die Leichtigkeit des Lebens. Atme tief durch und genieße jeden Augenblick."

Der Schüler folgte dem Rat des Meisters, schloss die Augen und atmete tief durch.

Plötzlich fühlte er sich federleicht. Er öffnete die Augen, dankbar und erleichtert, und sah den Meister an. „Danke", flüsterte er mit bebender Stimme. „Danke, Meister, für alles."

Der Meister lächelte und drückte ihm die Schulter. „Geh jetzt, mein Junge, und genieße das Leben. Es wartet nur auf dich." Mit diesen Worten ging der Schüler glücklich und erleichtert weiter, das Leben in vollen Zügen genießend.

WIR BRAUCHEN VIELE JAHRE BIS WIR VERSTEHEN, WIE KOSTBAR AUGENBLICKE SEIN KÖNNEN.

ERNST FERSTL

EINE UNERWARTETE BEGEGNUNG IN BERLIN

Die Sonne brannte unbarmherzig auf die staubigen Straßen von Berlin, als der junge Anwalt Max durch die Menschenmenge eilte. Er war auf dem Weg zu einem wichtigen Termin und hatte keine Zeit für Ablenkungen. Da traf er auf eine Gruppe Kinder, die sich auf dem Gehweg um etwas versammelt hatten.

Trotz Eile näherte Max sich neugierig und entdeckte einen kleinen Hund. Der Hund hatte sich in eine Ecke zurückgezogen, umgeben von den aufgeregten Kindern. Er zitterte und knurrte jeden an, der sich ihm näherte. Max war entschlossen, dem armen, verängstigten Tier zu helfen. Er griff nach einem großen Stock, um ihn herauszulocken.

„Warte, das geht einfacher.“, hörte er plötzlich eine Stimme hinter ihm sagen. Max drehte sich um und sah einen älteren, grauhaarigen Mann mit ruhigem Blick. „Komm, ich zeige dir, wie man das macht.“

Der Mann kniete sich hin, fischte einige Brotreste aus seiner Tasche und lockte den Hund damit aus seiner Ecke. Als der Hund langsam näherkam, ließ der Mann den Hund an dem Brot schnuppern und legte es vor ihm auf den Boden. Dann breitete er er seine Jacke auf dem Boden aus, damit der Hund es sich darauf gemütlich machen konnte. In wenigen Minuten hatte sich der Hund beruhigt und wedelte fröhlich mit dem Schwanz.

„Manchmal sind Menschen wie dieser kleine Hund.“, sagte der Mann. „Man kann sie nicht zwingen, sich zu öffnen. Aber mit ein wenig Güte und Wärme werden sie bald ihr Herz zeigen.“

**WAS EIN MENSCH
AN GUTEM IN DIE WELT HINAUSGIBT,
GEHT NICHT VERLOREN.**

ALBERT SCHWEITZER

DIE SUCHE NACH ERLEUCHTUNG

In einer mystischen Welt voller verborgener Weisheit und spiritueller Suche begab sich ein junger Mann auf eine Reise, die sein Leben für immer verändern sollte. Getrieben von der Sehnsucht nach innerer Erfüllung und einem wahrhaftigen Selbst, machte er sich auf den Weg, einen Meister zu finden, der ihm den Weg zur Erleuchtung zeigen konnte.

Nach tagelangen Reisen und Prüfungen fand er endlich den Meister, der inmitten eines malerischen Tempels unter einem alten Kirschbaum meditierte. Die Aura des Meisters strahlte eine jahrhundertealte Weisheit aus, die den jungen Mann in Ehrfurcht erstarren ließ. Zögernd näherte er sich und fragte: „Meister, wie lange wird es dauern, bis ich innere Erfüllung erlange?"

Der Meister schaute ihn mit sanften Augen an und lächelte weise. „Vielleicht ein Jahr“, antwortete er in ruhigem Ton. Der junge Mann war jedoch ungeduldig, es sollte schneller gehen. „Und wenn ich mich besonders anstrenge, wie lange dauert es dann?“, fragte er eifrig. „In dem Fall kann es 5 Jahre dauern“, erwiderte der Meister mit ruhiger Gelassenheit. Der Schüler war verblüfft, denn er hatte erwartet, dass der Weg durch intensive Anstrengung verkürzt werden könnte.

Doch der Meister lehrte ihn eine wichtige Lektion: Die Suche nach innerer Erfüllung erforderte keine Hast, sondern eine tiefe Hingabe und ein Vertrauen in den natürlichen Fluss des Lebens. „Ich nehme aber wirklich jede Härte auf mich. Ich will so schnell wie möglich ans Ziel gelangen“, beteuerte der junge Mann, dessen Ehrgeiz ungebrochen war. Der Meister nickte verständnisvoll und erwiderte: „Dann kann es bis zu 100 Jahre dauern.“ Der Schüler war verwirrt und fragte sich, wie das möglich sein könnte. Doch der Meister enthüllte das Geheimnis: Die Fixierung auf das Ziel, die Gier nach schnellem Fortschritt und die Ablehnung des gegenwärtigen Moments würden den Weg nur verlängern.

Der junge Mann erkannte, dass sein Wunsch nach Eile und Perfektionismus ihn davon abhielt, das wahre Geschenk des gegenwärtigen Augenblicks zu erkennen. Es war eine Lektion der Demut, des Loslassens und der Akzeptanz.

ES LEBEN SEHR WENIGE IN DER GEGENWART, DIE MEISTEN BEREITEN SICH GERADE VOR, DEMNÄCHST ZU LEBEN.

JONATHAN SWIFT

DIE VERWANDLUNG DES KANINCHENKÖNIGS

Es war ein geheimnisvoller Wald, der weitläufig und undurchdringlich schien. Doch es war der Ort, den niemand je vergessen würde.
In diesem Wald lebte ein majestätischer Tiger, der sich selbst für ein winziges Kaninchen hielt. Es klingt unglaublich, aber so war es.
Dieser Tiger war von jungen Jahren an von Kaninchen aufgezogen worden. So hatte er glauben gelernt, dass er eins von ihnen war.
Sein Name war Rocco, und er hatte ein strahlendes, goldenes Fell und Augen, die wie die Sterne am nächtlichen Himmel funkelten. Trotz seiner beeindruckenden Erscheinung hoppelte Rocco durch den Wald, knackte Karotten und spielte mit den anderen Kaninchen.

Er war ein wahrer König des Kaninchenlandes, zumindest in seinen eigenen Gedanken. Tief in seinem Herzen aber sehnte Rocco sich aber doch nach mehr. Es gab Momente, in denen er das Gefühl hatte, er wäre für Größeres bestimmt. Doch Rocco schob jeden dieser Gedanken beiseite und kehrte zu seinen kaninchenhaften Abenteuern zurück.

Eines Tages jedoch, als die Sonne ihren warmen Schein über den Wald ergoss, geschah etwas Außergewöhnliches. Ein weise Eule namens Alaric, die schon viele Geschichten von dem tigerähnlichen Kaninchen gehört hatte, beschloss, Rocco zu helfen. Alaric wusste, dass hinter der kaninchenhaften Fassade ein mächtiger Tiger verborgen lag.

Die Eule führte Rocco tief in den Wald, an einen geheimen Ort, den nur wenige kannten. Alaric schaute Rocco tief in die Augen und sprach mit ruhiger, aber eindringlicher Stimme: „Rocco, du magst dich für ein Kaninchen halten, aber ich weiß, dass du in Wahrheit ein mächtiger Tiger bist. Du hast das Herz eines starken Raubtiers in dir. Es ist an der Zeit, dass du deinen wahren Platz einnimmst."

Rocco war verwirrt und ängstlich zugleich. „Aber ich kann nicht einmal brüllen wie ein Tiger!" Alaric lächelte weise. „Das laute Gebrüll eines Tigers ist unsichtbar, aber es ist dennoch da.

Schließe die Augen und fühle die Stärke und Kraft in dir. Glaube an dich selbst und du wirst erkennen, dass du ein Tiger bist."

Rocco zögerte einen Moment, doch dann entschied er sich, der Eule zu vertrauen. Er schloss die Augen, atmete tief ein und öffnete seine Augen wieder mit neuem Selbstvertrauen. In diesem Moment spürte Rocco etwas Magisches. Sein Herz begann schneller zu schlagen, er spürte eine besondere Macht in seinen Körper. Er hob den Kopf und stieß einen kräftigen Brüller aus, der den ganzen Wald erzittern ließ.

Von diesem Tag an war Rocco ein furchtloser und majestätischer Tiger, der alle Herzen mit seinem Mut und seiner Schönheit eroberte. Und er lernte, dass es manchmal Zeit braucht, den wahren Kern in sich zu erkennen und an sich selbst zu glauben, um zu dem zu werden, wozu man bestimmt ist.

DER SPIEGEL DER SELBSTERKENNTNIS

In Nepal, hoch oben auf einem majestätischen Berg, thronte der legendäre Tempel mit goldenen Spiegeln, dessen Anblick atemberaubend war. Die alten Legenden besagten, dass der Tempel das Geheimnis der Wahrheit und des Selbst barg.

An einem sonnigen Morgen machte sich ein einsames Schwein auf den mühsamen Aufstieg. Schon während es die steinernen Stufen des Tempels erklomm, spürte es eine besondere Energie, die von diesem Ort ausging.

Voller Neugier betrat es den Saal mit den vielen goldenen Spiegeln, ohne zu ahnen, welches Schicksal ihm bevorstand. Als das Schwein die zahlreichen Abbilder seiner selbst in den goldenen Spiegeln sah, überkam es eine gewisse Verunsicherung. Die Reflektionen der knurrenden und bedrohlichen Schweine machten ihm Angst, sein Herz begann schneller zu schlagen. Sein Borstenfell sträubte sich, der Kringelschwanz kräuselte sich zusammen, und es grunzte furchtbar, in der Annahme, dass es von Feinden umgeben war.

Doch zu seiner Überraschung bemerkte das Schwein bald, dass die hunderten Spiegelschweine genauso reagierten wie es selbst: sie spiegelten seine Gesten und Ängste wider. Diese Erkenntnis ließ es innehalten und darüber nachdenken. Statt weiter in Panik zu geraten, begann das Schwein, ruhiger zu werden und sich schließlich zu beruhigen.

Einige Zeit später machte sich ein anderes mutiges Schwein auf den Weg den Berg hinauf. Ebenso wie sein Vorgänger spürte auch dieses Schwein die magnetische Anziehungskraft des Tempels und betrat den Saal mit den goldenen Spiegeln.

Im Gegensatz zum ersten Schwein sah es jedoch in den Spiegeln hunderte andere Schweine, die genauso freundlich und fröhlich wirkten wie es selbst. Vor Freude grunzte es und sprang spielerisch hin und her, als ob es die reflektierten Schweine dazu einlud, mit ihm zu spielen. Der Saal füllte sich mit einer harmonischen Atmosphäre der Freude und Verbundenheit.

Das Schwein verließ den Tempel mit der festen Überzeugung, dass die Welt von ebenso netten, freundlichen und wohlgesinnten Schweinen bevölkert war.

Diese beiden Schweine, die den Tempel der goldenen Spiegel besucht hatten, erzählten ihre Geschichten weiter. Sie verbreiteten sich wie ein Lauffeuer in ganz Nepal. Die Legenden über den Tempel wurden von Generation zu Generation weitergegeben. Jeder, der den Tempel betrat, lernte eine wertvolle Lektion über die Macht der Wahrnehmung und der eigenen Gedanken. So wurde der Tempel zu einem Ort der Selbsterkenntnis und inneren Stärke für all diejenigen, die den Aufstieg wagten.

DU SIEHST DIE WELT NICHT SO WIE SIE IST, DU SIEHST DIE WELT SO WIE DU BIST.

ANTHONY PAUL MOO-YOUNG

DAS GEHEIMNIS VON MR. NOW

In den Straßen der Finanzwelt trafen einige junge Manager auf einen weisen Unternehmensguru, der für seine tiefen Einsichten bekannt war. Einer von ihnen fragte: „Mr. Now, wie schaffen Sie es, in diesem stressigen Geschäftsleben so glücklich und zufrieden zu wirken? Wir streben danach, Ihrem Beispiel zu folgen und suchen neben unserer Karriere auch das innere Glück."

Der erfahrene Geschäftsmann antwortete mit einem sanften Lächeln: „Wenn ich verhandle, dann verhandle ich. Wenn ich entscheide, dann entscheide ich. Wenn ich arbeite, dann arbeite ich. Und wenn ich lese, dann lese ich."

Die Fragenden tauschten ratlose Blicke aus. Einer brach schließlich das Schweigen: „Bitte, machen Sie keine Witze mit uns. Das, was Sie beschreiben, tun auch wir. Wir verhandeln, treffen Entscheidungen, arbeiten und lesen. Aber wir sind nicht wirklich glücklich. Was ist Ihr Geheimnis?"

Die Antwort von Mr. Now blieb unverändert: „Wenn ich verhandle, dann verhandle ich. Wenn ich entscheide, dann entscheide ich. Wenn ich arbeite, dann arbeite ich. Und wenn ich lese, dann lese ich."
Als die Manager ihre Unruhe nicht verbergen konnten, fügte der Unternehmensgguru nachdenklich hinzu: „Gewiss, auch ihr verhandelt, entscheidet, arbeitet und lest einige Bücher. Aber während ihr verhandelt, denkt ihr schon an die nächsten Schritte. Beim Arbeiten überlegt ihr, was als Nächstes getan werden muss. Eure Gedanken sind ständig in der Zukunft, nicht im gegenwärtigen Moment. Das wahre Leben entfaltet sich im Schnittpunkt von Vergangenheit und Zukunft. Taucht ein in diesen flüchtigen Augenblick. So habt ihr die Chance, wirkliche Erfüllung und Glück zu finden."

**WO AUCH IMMER DU BIST,
SEI GANZ DA.**

JIM ELLIOT

DER WAHRE WEG ZUM GLÜCK

Ein kleines Mädchen namens Mia saß am Rande eines Dorfes und wagte es, den weisen Mr. Error zu fragen: „Was ist das Geheimnis des Glücks?"

Mr. Error, der ihre kindlichen Augen bemerkte, lächelte sanft und sagte: „Das Geheimnis des Glücks, meine Liebe, liegt in klugen Entscheidungen."

Verwirrt schaute Mia auf und fragte: „Aber wie treffe ich kluge Entscheidungen?"

Mr. Error neigte seinen Kopf leicht und antwortete mit einer Spur von Weisheit: „Durch unkluge Entscheidungen! Die wertvollsten Lehren kommen aus den Momenten, in denen wir Fehler machen."

„Verstehe ich", flüsterte Mia nachdenklich. „Aber wie sammle ich diese Erfahrungen?"

Mr. Error zwinkerte ihr zu und sagte mit einem Lächeln: „Indem du den Mut entwickelst, Entscheidungen bewusst zu treffen. Wahre Weisheit wächst aus den Samen des Irrtums. Daher lebe dein Leben!"

WER NOCH NIE EINEN FEHLER GEMACHT HAT, HAT SICH NOCH NIE AN ETWAS NEUEM VERSUCHT.

ALBERT EINSTEIN

MUTIGE FRAGEN IM SCHATTEN DES TODES

In den tiefen Wäldern verbreitete sich das Gerücht von einer Liste des schwarzen Henkers, die den Tod ankündigte. Die Menschen lebten in Furcht, dass ihre Namen darauf stehen könnten. Ein tapferer Mann überwand seine Ängste, trat vor den Henker und wagte zu fragen: „Henker, sagen die Gerüchte die Wahrheit? Hast du eine Liste des Todes?“
Der schwarze Henker antwortete mit ernsthaftem Nicken. Der Mann, voller Bestürzung, fragte zitternd: „Bin ich auch darauf verzeichnet?“
Die beklemmende Antwort: „Auch du stehst auf meiner Liste.“
Entsetzt suchte der Mann das Weite, nur um wenige Tage später leblos im Wald aufgefunden zu werden.

Angst durchzog die Luft, und alle Menschen fragten sich, ob ihr Name ebenso auf dieser fatalen Liste stände. Inmitten der bedrohlichen Stille fasste eine mutige Frau ihren Mut zusammen und konfrontierte den Henker: „Ist mein Name auf deiner Liste?“

Der schwarze Henker, nickte ungerührt: „Auch dein Name ist auf meiner Liste.“ Die Frau floh in blinder Panik, ihr Schicksal war besiegelt. Sie wurde im Wald gefunden, das Leben war aus ihr gewichen.
Nun wagte sich niemand mehr, die gefürchtete Frage zu stellen.
In der Stille des Versteckens fiel der Blick auf den normalerweise so ängstlichen kleinen Jungen Ben. Er wagte es, dem Henker gegenüberzutreten: „Henker, bin ich auf deiner Liste?“ Die Antwort, diesmal überraschend mild: „Ja, auch du stehst auf der Liste.“ Demütig bat Ben: „Könntest du mich bitte davon streichen?“

Mit einem Hauch von Güte antwortete der Henker: „Natürlich, kein Problem lieber Ben.“

Und so, im Schatten der Todesliste, erfuhr der kleine Junge, dass manchmal der Mut zu fragen das Leben retten kann.

NICHT DEN TOD SOLLTE MAN FÜRCHTEN, SONDERN DASS MAN NIE BEGINNEN WIRD, ZU LEBEN.

MARC AUREL

DIE PERFEKTION DER LIEBE

An einem sonnigen Tag wagte ein junges Mädchen, eine alte Frau auf der Parkbank zu fragen, warum sie nie geheiratet hatte. Die weisen Augen der Alten glänzten einen Moment lang, als sie mit einem Hauch von Sehnsucht antwortete: „Mein Kind, ich hatte mir geschworen, nur den perfekten Mann zu heiraten. Jahre vergingen. Ich traf viele, die nett, schön und klug waren, aber keiner erfüllte mein Ideal von Perfektion."

Ein wehmütiges Lächeln huschte über ihr Gesicht, bevor sie ihre Geschichte fortführte: „Dann kam der Tag, an dem ich ihn sah. In jedem Blick, jedem Lächeln, erkannte ich die Vollkommenheit. Als ich ihn kennenlernte, wurde klar, dass er in jeder Hinsicht makellos war. Er war stark und hübsch, einfühlsam und romantisch in jederlei Hinsicht."

Das Mädchen horchte gespannt auf und fragte: „Warum hast du ihn dann nicht geheiratet?" Die alte Frau seufzte, eine Melodie der vergangenen Liebe in ihren Worten: „Das Dilemma war, er suchte nach der perfekten Frau."

In diesem Moment spiegelten sich in ihren Augen nicht nur Erinnerungen, sondern auch eine tiefe Traurigkeit, die die Last verpasster Chancen trug. Die Worte hingen in der Luft wie der süße Duft vergangener Rosen. Das Mädchen begriff, dass die Suche nach Perfektion dazu führen kann, dass man das wahre Glück verpasst.

„EINE DER GRUNDREGELN DES UNIVERSUMS IST, DASS NICHTS PERFEKT IST."

STEPHEN HAWKING

HERZENSWÄRME NACH FÜNF JAHRZEHNTEN

Ein angesehener Geschäftsmann, der durch jahrzehntelange harte Arbeit Erfolg in seinem Beruf erlangte, setzte sich eines Tages mit einem Füllfederhalter hin und verfasste einen tief empfundenen Brief an seine ehemalige Tagesmutter, die ihn einst so bedingungslos ermutigt hatte.

Eine Woche später erhielt er eine Antwort, von zittriger Hand geschrieben, die seine Gefühlswelt auf den Kopf stellte.

Der Brief begann: „Liebster Alexander, ich kann kaum in Worte fassen, welches Gefühl mich beim Lesen deines Briefes durchströmt hat. In meinen Achtzigern lebe ich allein in einem kleinen Raum, bereite meine Mahlzeiten selbst zu und fühle mich einsam wie das letzte Blatt, das im Herbstwind zittert. Vielleicht berührt es dein Herz, Alexander, zu erfahren, dass ich fünf Jahrzehnte lang als Tagesmutter tätig war.

Dein Brief ist der erste Dank, der mir in all den Jahren zuteilwurde. Er erreichte mich an einem kalten, trüben Morgen und brachte Wärme in mein einsames, altes Herz. Danke!

**„ES GIBT AUF DER WELT
KAUM EIN SCHÖNERES ÜBERMASS
ALS DAS DER DANKBARKEIT.“**

JEAN DE LA BRUYÈR

DAS STUMME BRÜLLEN DES GEFANGENEN

In einem Streichelzoo mitten in Deutschland erblickt ein kleines Löwen-Baby das Licht der Welt. Doch sein Herz schlägt nicht in der Freiheit des Grases, sondern im Schatten eines unsichtbaren Gefängnisses. Ein zartes Seil umschließt sein Hinterbein, bindet es an einen eisernen Pflock. Der Streichelzoo wird zur Bühne seines Lebens, der unsichtbare Faden limitiert seine Schritte.

Wenn der kleine Löwe auf wackeligen Beinen steht, erfährt er die schmerzhafte Realität seiner Existenz. Das Seil, wie der Arm einer unsichtbaren Macht, beschreibt einen Kreis um ihn herum. In diesem begrenzten Raum tanzt er ein tragisches Ballett der Unterdrückung. Jeder Schritt, der den Kreis zu verlassen versucht, wird von einem Schmerz eingefangen, der das Unbekannte bestraft.

Die Jahre vergehen, der Löwe wächst zu majestätischer Pracht heran. Seine Muskeln sind stark genug, den Pflock mühelos aus der Erde zu ziehen, seine Zähne könnten das unsichtbare Band mühelos durchbeißen.

Doch die Ketten der Gewohnheit sind mächtiger als die Kraft seiner Glieder. Der Löwe bleibt gefangen in einem unsichtbaren Käfig, dessen Gitter aus der Angst vor dem Unbekannten geschmiedet sind. So verblasst sein brüllendes Herz in einem Käfig der vergangenen Erfahrungen.

**„WER DIE FREIHEIT AUFGIBT,
UM SICHERHEIT ZU GEWINNEN,
DER WIRD AM ENDE BEIDES VERLIEREN."**

BENJAMIN FRANKLIN

SCHWEIN GEHABT!

In einem schicksalhaften Augenblick stürzte das geliebte Schwein eines verarmten Bauern in die dunkle Tiefe eines alten, vertrockneten Schachts. Verzweiflung erfüllte die Luft, als das klägliche Grunzen des Schweins die Herzen des Bauern und seiner Nachbarn durchdrang. Doch trotz ihres unermüdlichen Einsatzes vermochten sie nicht, das Tier aus dem tiefen Abgrund zu erretten.

Ein schwerer Entschluss lag in der Luft: Der Bauer, vom Schmerz des Abschieds gezeichnet, akzeptierte die grausame Realität und ließ den Schacht mit Sand und Schutt füllen, um das geliebte Schwein in seinem düsteren Gefängnis zu begraben.

Während die Männer den Schacht mit Schutt füllten, hallten die verzweifelten Schreie des Schweins durch die Stille. Die Luft war erfüllt von der Bitterkeit des Abschieds. Doch plötzlich, in einem Moment, der wie eine Ewigkeit erschien, verstummten die Klagen. Der Bauer, von einer Ahnung geleitet, riskierte einen Blick in das Grab des treuen Schweins.

Zu seiner Überraschung sah er, dass das Schwein Unglaubliches vollbracht hatte. Jede Schaufel Erde, die auf seiner dicken Haut landete, hatte das Schwein abgeschüttelt und festgetrampelt. Inmitten der Dunkelheit und des drohenden Vergessens kämpfte sich das Schwein beharrlich nach oben. Als die Männer weiter schaufelten, enthüllte sich ein Wunder: Der Grund des Schachts erreichte rasch eine Höhe, die es dem Schwein erlaubte, mit stolzer Kraft dem Schatten zu entfliehen und in die Freiheit davon zu laufen.

Ein Triumph der Hoffnung, der in den Herzen der Menschen noch lange nachhallte.

„KRAFTVOLLE FESTIGKEIT UND BEHARRLICHKEIT SIND ERFORDERLICH.“

YIJING I GING

- NOTIZEN -

- NOTIZEN -

- NOTIZEN -

– NOTIZEN –

- NOTIZEN -

- NOTIZEN -

WEITERE BÜCHER VOM AUTOR

HERAUSGEBER

www.yeyeweller.com

AUTOR
Louis Victor

DESIGN- UND LAYOUT
STORYBAKER
www.storybaker.de

Alle Illustrationen von Louis Victor (mit KI generiert)

LOUIS VICTOR ist ein erfolgreicher Designer und Buchautor aus Münster. Als ehemaliger Student der University of Applied Sciences und Stipendiat der Wilhelm-Lenze-Stiftung absolvierte er 2013 seinen Master in *Information und Kommunikation*. Mit seinem Designbüro STORYBAKER erarbeitet er heute für namhafte Unternehmen Design- und Marketing-Konzepte, von denen bereits einige international ausgezeichnet wurden.

»Die unfassbare Macht des Designs resultiert aus rohen, ungefilterten Gefühlen – das fasziniert mich bis heute!«

Follow me!